LA METTRIE

ET

LA CRITIQUE ALLEMANDE

PAR

F. PICAVET

MAITRE DE CONFÉRENCES A L'ÉCOLE DES HAUTES-ÉTUDES

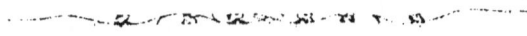

PARIS

FELIX ALCAN, ÉDITEUR

108, Boulevard Saint-Germain, 108

1889

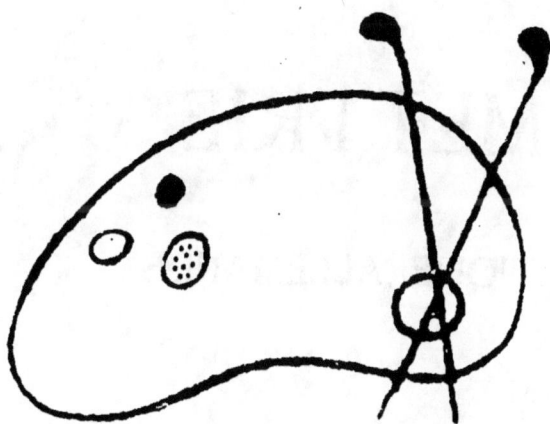

Fin d'une série de documents
en couleur

LA METTRIE

ET LA CRITIQUE ALLEMANDE

EXTRAIT DU COMPTE RENDU

De l'Académie des sciences morales et politiques

(INSTITUT DE FRANCE)

PAR M. CH. VERGÉ

Sous la direction de M. le Secrétaire perpétuel de l'Académie

LA METTRIE

ET

LA CRITIQUE ALLEMANDE

PAR

F. PICAVET

MAITRE DE CONFÉRENCES A L'ÉCOLE DES HAUTES-ÉTUDES

PARIS

FÉLIX ALCAN, ÉDITEUR

108, boulevard Saint-Germain, 108

1889

LA METTRIE

ET LA CRITIQUE ALLEMANDE

La Mettrie naquit à Saint-Malo, le 25 décembre 1709, onze ans après Maupertuis. Il étudia chez les jésuites, fit sa logique à Paris, sous un professeur janséniste, fut un instant zélé janséniste ; puis, renonçant à l'état ecclésiastique, auquel le destinait son père, il se tourna vers la médecine et, reçu docteur à Reims, se rendit, en 1733, à Leyde, auprès de Boerhave. Le grand médecin hollandais avait renoncé à la théologie à cause de ses tendances spinozistes : La Mettrie se trouva ainsi dans un milieu favorable à la propagation des idées naturalistes (1). Portant dans les questions médicales l'enthousiasme qu'il avait montré dans les matières religieuses, il entreprit de traduire les écrits de Boerhave et d'introduire en France sa méthode. Après avoir exercé quelque temps la médecine à Saint-Malo, il vint à Paris en 1742, fut nommé médecin des gardes françaises, assista aux batailles de Dettingen, de Fontenoy et au siège de Fribourg, où il fut atteint d'une fièvre chaude, pendant laquelle il observa que l'affaiblissement des facultés intellectuelles suit celui des organes. Il en conclut que la pensée n'est qu'un produit de l'organisation. Son cerveau, après sa guérison, conserva toujours,

(1) La Mettrie se présente comme ayant développé des idées spinozistes (nos principes naturels ne sont que nos principes accoutumés — l'homme est un véritable automate) dans ses ouvrages.

ce semble, des traces de cet ébranlement. Pendant sa con-
valescence, il écrivit l'*Histoire naturelle de l'Ame* (1745),
fut dénoncé par l'aumônier de son régiment, cessa d'être
médecin des gardes françaises, entra dans les hôpi-
taux de l'armée, s'attaqua aux médecins dans *la Politique du médecin de Machiavel* ou *le Chemin de la
fortune ouvert aux médecins* (1746), qui fut brûlée, comme
l'*Histoire naturelle de l'Ame*, par arrêt du Parlement, se
refugia à Leyde, où il continua à combattre les médecins et
publia *l'Homme-Machine* (1748) qui, brûlé par ordre
des magistrats, le fit chasser de Hollande. C'est alors que
Frédéric lui offrit, par l'intermédiaire de son compatriote
Maupertuis, un asile dans son royaume. La Mettrie vint à
Berlin, y gagna bientôt la faveur du roi, le traita avec une
familiarité qui choqua plus d'une fois ceux auxquels
Frédéric avait déclaré qu'il voulait vivre avec eux en ami,
mais qui n'avaient garde d'oublier qu'il était roi, se fit tout
pardonner par ses folies et par une franchise qui touchait
au cynisme, écrivit à Berlin un *Discours sur le Bonheur*,
qui servit de préface et de réfutation à une traduction de
la Vie heureuse de Sénèque, *l'Homme-Plante*, *les Animaux
plus que machines*, *l'Art de jouir*, *le Système d'Épi-
cure*, etc., réédita ses ouvrages antérieurs et en particulier
l'*Histoire naturelle de l'Ame*, qui devint le *Traité de l'Ame*,
et mourut le 11 novembre 1751, à la suite d'une indigestion
dont l'occasion fut, soit un pâté de faisan qu'il aurait mangé
par vanité, soit un pâté d'aigle, dit Voltaire, déguisé en
faisan, farci de mauvais lard, de hachis de porc et de gin-
gembre. Peut-être se tua-t-il lui-même, ajoute Voltaire, en
se faisant saigner et en prenant des bains, en traitant son
indigestion, comme toute autre chose, d'une façon folle et
fantasque.

I

Comment La Mettrie a-t-il été jugé par ses contemporains ? Comment a-t-il été apprécié pendant la première moitié du XIXᵉ siècle ?

La Mettrie fut loué publiquement par Frédéric II qui, dans ses lettres, le déclarait gai, bon diable, bon médecin et très mauvais auteur, ajoutant qu'il y avait moyen d'en être content en ne lisant pas ses ouvrages. Voltaire parlait de sa folle imagination et trouvait fort mauvais, quoique composé sans mauvaise intention, le livre dans lequel La Mettrie « proscrit la vertu et le remords, fait l'éloge des vices, invite son lecteur à tous les désordres. » D'Argens avait considéré tous ses ouvrages comme ceux d'un homme dont la folie paraît à chaque pensée et dont le style démontre l'ivresse de l'âme, y avait vu le vice s'expliquant par la voix de la démence et soutenu que La Mettrie était fou au pied de la lettre. Enfin, Diderot l'a jugé encore plus sévèrement : c'est pour lui un auteur sans jugement, dont on reconnaît la frivolité d'esprit dans ce qu'il dit et la corruption du cœur dans ce qu'il n'ose dise, dont les sophismes grossiers, mais dangereux par la gaîté dont il les assaisonne, décèlent un écrivain qui n'a pas les premières idées des vrais fondements de la morale, dont le chaos de raison et d'extravagance ne peut être regardé sans dégoût et dont la tête est si troublée et les idées si décousues que, dans la même page, une assertion sensée est heurtée par une assertion folle et une assertion folle par une assertion sensée. La Mettrie, ajoute Diderot, dissolu, impudent, bouffon, flatteur, était fait pour la vie des cours et la faveur des grands ; il est mort comme il devait mourir, victime de son intempérance et de sa folie, il s'est tué par ignorance de l'état qu'il professait !

D'un autre côté, l'*Histoire naturelle de l'Ame* avait été

condamnée le 7 juillet 1746 avec *les Pensées philosophiques*, par le Parlement de Paris, comme sapant les fondements de toute religion et de toute vertu (1) ; *l'Homme-Machine* avait été brûlé à Leyde, en 1748, pour des raisons à peu près semblables. Si la Faculté de théologie indique *l'Homme-Machine* et *les Animaux plus que machines* comme l'une des sources empoisonnées auxquelles a puisé l'auteur de *l'Esprit* (1758), Palissot met en vers les doctrines de La Mettrie dans *la Comédie des Philosophes* (1760), non seulement sans citer l'auteur et ses ouvrages, mais en les attribuant formellement à plusieurs de ceux qui l'avaient combattu. Aussi La Mettrie reste dans l'oubli : ceux qui ont avec lui quelques ressemblances de doctrine le trouvent, s'ils le lisent, compromettant et trop superficiel ; leurs adversaires ont des ennemis bien plus redoutables à combattre, des doctrines bien plus solides à renverser. On ne lit plus La Mettrie, dont le nom figure dans très peu des ouvrages publiés de 1760 à 1800. La Harpe, qui après sa conversion ne ménage aucun de ceux qui ont pu contribuer au progrès du *philosophisme*, se borne à dire de La Mettrie que son grossier matérialisme, éruption d'une perversité folle et brutale, ne lui avait valu que le mépris public dans sa patrie et une place de valet bouffon chez un prince étranger qui trouvait bon d'avoir à ses ordres des valets de toute espèce. Et Palissot lui-même, qui avait puisé, comme le remarque Ginguené, dans *l'Homme-Machine* et dans le *Discours sur la Vie heureuse*, les formules dont il s'était servi pour ridiculiser Diderot, d'Alembert, Duclos et Helvétius, oubliait même de citer La Mettrie dans ses *Mémoires pour servir à l'Histoire de notre littérature*. Aucun de ceux qui rééditaient Voltaire, Rousseau, Montesquieu, Diderot, pour combattre, pendant la Restauration, la réac-

---

(1) 93 pièces numérotées, collection Le Paige (communiqué par M. Gazier).

tion politique, religieuse et philosophique, ne songea à publier de nouveau les œuvres de La Mettrie, tandis que leurs adversaires se bornaient, sans le lire et sans le réfuter directement, à présenter ses doctrines comme les conséquences athées et matérialistes de la philosophie de Condillac (1).

Il semblait donc que La Mettrie était à jamais oublié quand Lange donna, en 1866, son *Histoire du Matérialisme*. La Mettrie y tenait une place importante, était réhabilité tout à la fois comme homme, comme savant, comme penseur et comme moraliste. Cette réhabilitation a été acceptée en Allemagne par Ueberweg, qui lui consacre, en 1875, plus de place qu'à Rousseau, à Bonnet, à d'Holbach, à Maupertuis, à Turgot, à Helvétius et à Buffon ; par Dubois-Reymond, qui prononçait, la même année, l'éloge de La Mettrie à l'Académie de Berlin. De même, en France, on rééditait *l'Homme-Machine*, on étudiait la vie et les œuvres de La Mettrie, on traduisait l'ouvrage de Lange et on allait plus loin encore dans la voie de l'admiration : La Mettrie devenait l'homme le mieux renseigné sur l'état de la science à son époque, et il ne lui manquait presque rien, pas même le grain de folie sans lequel on ne saurait passer grand homme (2).

Faut-il donc, quel que soit le jugement que l'on porte sur les doctrines de La Mettrie, admettre que Voltaire et Diderot, Cousin et Damiron, ne l'ont pas placé à son rang ? Faut-il, avec Lange et ceux qui l'ont suivi, le réintégrer parmi les penseurs éminents du XVIIIᵉ siècle ?

Tandis que les historiens français, à partir de 1815, tra-

---

(1) C'est ce que font aussi Cousin, Préface au *Manuel de Tennemann ;* Damiron, *Mémoires pour servir à l'Histoire de la philosophie au* XVIIIᵉ *siècle* (1858), etc.

(2) Voyez J. Assézat, *l'Homme-Machine*, Paris, 1865 ; Nérée Quépat, *Essai sur La Mettrie, sa vie et ses œuvres*, Paris, 1873 (ouvrages utiles d'ailleurs à consulter pour qui veut connaître La Mettrie et son œuvre) ; Jules Soury, *Rev. ph.* II, 608.

vaillent systématiquement, comme l'a montré M. Fustel de Coulanges (1), à glorifier l'Allemagne, les savants allemands ne séparent presque jamais la recherche de la vérité de l'éloge de tout ce qui a contribué à la formation et à la grandeur de la patrie allemande ou de la critique quelquefois injuste, presque toujours acerbe, de tout ce qui a retardé ou combattu le développement de la science, de la langue, de la littérature allemandes. Qu'il nous suffise, en laissant de côté Mommsen et bien d'autres écrivains allemands, de rappeler la belle formule « *Sanctus amor patriæ dat animum* » qui se trouve entourée d'une couronne de feuilles de chêne, à la première page des *Monumenta Germaniæ*, et le début de la *Revue*, fondée en 1843, par les historiens Ranke, Waitz et Giesebrecht : « Dans cette année, où l'on célèbre le millième anniversaire de l'indépendance de notre patrie, la pensée nous est venue *tout naturellement* de poser le fondement d'une unité intérieure de l'esprit allemand et de cultiver d'un commun accord une science qui, plus que toute autre, est apparentée à la politique dont elle est la mère et l'institutrice (2). »

Il serait intéressant d'examiner comment ces préoccupations patriotiques ont contribué, sur le terrain de l'histoire de la philosophie, à faire apprécier trop favorablement un certain nombre de penseurs qne l'on a pu rattacher, directement ou indirectement, à la civilisation allemande, ou par contre à en faire juger d'autres trop sévèrement parce que leur œuvre, croyait-on, avait nui au développement des doctrines propres à préparer l'unité intellectuelle et politique de la nation allemande. Alcuin et Raban Maur, Descartes, Spinoza, Malebranche, Geulinx, Condillac, Voltaire, les idéologues, Mme de Staël et M. Cousin, pour ne citer que les morts, nous donneraient l'occasion de montrer que, plus

(1) *Revue des Deux-Mondes,* octobre 1872.
(2) Voyez Ernest Lavisse. *Questions d'enseignement national.*

d'une fois, on a exalté ou rabaissé des systèmes en les jugeant, non d'après leur valeur intrinsèque, mais d'après la sympathie qu'éprouvaient pour leurs auteurs ceux qui songeaient plus à la patrie qu'à la vérité.

Nous croyons que Lange a obéi surtout, en réhabilitant La Mettrie, à des considérations de ce genre. En lisant le chapitre consacré au *Système de la Nature*, on sent bien la prédilection de Lange pour ses compatriotes. Il vante chez d'Holbach les connaissances, la morale grave et pure, le langage franc et loyal, la marche *presque allemande* des idées, l'esquisse du *Code de la Nature* qui est, sous bien des rapports, un véritable chef-d'œuvre; il attribue à d'Holbach et à Grimm un rôle prépondérant dans les discussions philosophiques auxquelles ils prenaient part. Et l'on est même porté à se demander pourquoi Lange, qui, sans être matérialiste, a cependant mis de préférence en pleine lumière les doctrines matérialistes qui lui semblaient plus propres à préparer sa philosophie, n'a pas choisi, comme personnage principal au XVIIIe siècle, d'Holbach, qui, de l'aveu de tout le monde, était un parfait honnête homme, qui était Allemand de naissance, qui n'avait risqué, dans le Système de la Nature, aucune de ces plaisanteries licencieuses que nous reprochons, non sans raison, à bon nombre des philosophes du XVIIIe siècle, à Voltaire et à Helvétius, à Diderot et à La Mettrie, parce qu'il nous déplaît surtout de trouver des appels aux passions et aux faiblesses de l'époque dans des œuvres qui, n'ayant que la vérité pour but, ne devraient invoquer que la raison. Et on pourrait supposer que Lange a pensé un moment à le faire, quand on réunit aux passages précédemment cités la phrase suivante : « On trouvera difficilement chez d'Holbach (en morale) une pensée qui n'ait déjà été émise par La Mettrie, mais ce que celui-ci *a jetée au hasard, négligemment au milieu de réflexions frivoles;* nous le retrouvons, chez d'Holbach, épuré, coordonné, achevé d'une manière systématique, sévèrement *dégagé de toute bassesse et de toute trivialité*. Toutefois il ne faut pas oublier que Gœthe avait sévèrement jugé le *Système de la Nature*, comme Lange a soin d'ailleurs de le rappeler : « Nous ne comprenions pas, dit l'enthousiaste admirateur de Spinoza, qu'un pareil livre pût être dangereux ; il nous paraissait si terne, si cimmérien, si cadavéreux, que nous avions peine à en supporter la vue. » De son côté, Lange fait remarquer que d'Holbach, comme Grimm, s'était *plié complètement au tempérament de la nation française*. En supposant donc que Lange pensât tout à la fois à mettre en relief les doctrines matérialistes du xviiiᵉ siècle et à ne pas oublier sa nationalité, il ne pouvait, quelle que fût sa prédilection théorique pour d'Holbach, placer au premier rang un homme qui avait renoncé à sa patrie et avait été sévèrement condamné par l'un de ceux que l'Allemagne considère, et non sans raison, comme un de ses plus illustres enfants.

D'un autre côté, on comprend fort bien aujourd'hui que Frédéric a voulu faire de la littérature française un instrument d'éducation pour les Allemands, qu'en protégeant les écrivains français et en leur témoignant une admiration qu'ils lui retournaient au centuple, il a travaillé tout à la fois à assurer le succès de ses entreprises politiques et à préparer l'émancipation de la langue allemande : « Nous aurons, disait lui-même Frédéric, nos auteurs classiques ; chacun, pour en profiter, voudra les lire, nos voisins apprendront l'allemand, les cours le parleront avec délice, et il pourra arriver que notre langue polie et perfectionnée s'étende, en faveur de nos bons écrivains, d'un bout de l'Europe à l'autre. Ces beaux jours de notre littérature ne sont pas encore venus, mais ils s'approchent. Je vous les annonce, ils vont paraître ; je ne les verrai pas, mon âge m'en interdit l'espérance. Je suis comme Moïse ; je vois de loin la terre promise, mais je n'y entrerai pas. » Aussi

l'Allemagne, après avoir reproché pendant quelque temps
à Frédéric sa prédilection pour la France, a-t-elle vu bientôt
que son règne a contribué de toutes façons à accroître
l'influence et la puissance, comme à préparer l'unité de la
nation.

Or les écrivains les plus tolérants, dit Lange, se sont
surtout indignés des rapports de La Mettrie avec Frédéric II.
Frédéric II s'était intéressé à cet homme, chassé de
Hollande après avoir été obligé de quitter la France, il
l'avait fait venir à Berlin, nommé son lecteur et introduit
dans l'Académie. Il avait dit lui-même que sa réputation de
philosophe et ses malheurs avaient suffi pour lui faire
accorder à M. de La Mettrie un asile en Prusse. Le monarque,
ajoute Lange avait donc accepté la philosophie de l'*Homme-
Machine* et l'*Histoire naturelle de l'Ame*. Bien plus il avait
pris la peine de composer lui-même un Éloge de La Mettrie
et de le faire lire à l'Académie de Berlin ! Faut-il donc en
vouloir à Frédéric, s'est demandé Lange, d'avoir agi ainsi(1)?
On comprend quelle solution comporte une question posée
en ces termes : il pourra être intéressant de montrer
comment, chez un homme dont nous n'avons aucune raison
de suspecter la bonne foi, l'amour de la vérité historique et
le désir de justifier un prince qu'il admire comme tous ses
compatriotes, se combattent et amènent des affirmations
qui se contredisent; mais il faut, de toute nécessité, exposer
d'une façon exacte et impartiale, l'œuvre de La Mettrie,
peut-être même faut-il insister sur les parties qui ont paru
originales à Lange, en laissant complètement de côté tout
ce qu'il y condamne, pour juger sans parti-pris cette
réhabilitation qui aurait bien surpris peut-être celui-là
même qui en a été l'objet : « Que je plains, écrivait-il dans

---

(1) Voyez la traduction de Po merol, I, p. 374. « *En tous cas*, nous
ne pouvons pas trop en vouloir au grand Frédéric de s'être intéressé à
cet homme, etc.

l'*Histoire naturelle de l'Ame*, les auteurs forcés d'appeler du jugement de leur siècle à la postérité ; il vaut mieux être un peu loué pendant sa vie que comblé d'éloges après sa mort ! »

II

C'est par l'*Histoire Naturelle*, ou comme il l'intitula plus tard, par le *Traité de l'Ame*, que La Mettrie commença sa carrière philosophique. C'est peut-être celui de ses ouvrages qui obtint le plus de succès et qui contient le résumé le plus complet de ses idées. Nous l'analyserons donc soigneusement, en insistant sur tout ce qui a pu philosophiquement exciter l'admiration de Lange et des historiens qui l'ont suivi.

L'essence de l'âme des hommes et des animaux, dit La Mettrie, est et sera toujours aussi inconnue que l'essence de la matière et des corps. Il y a plus : l'âme, dégagée du corps par abstraction, ressemble à la matière considérée sans ses formes, on ne peut la concevoir. Pour connaître les propriétés de l'âme ou du principe actif des corps, il faut donc d'abord rechercher celles qui se manifestent clairement dans les corps : les sens seront nos plus sûrs guides, nos *philosophes*. Mais que peuvent-ils apercevoir dans la substance des corps, et surtout des corps organisés ? Les philosophes ont découvert dans la matière diverses propriétés qui découlent d'une essence absolument inconnue : tous, si l'on en excepte Descartes, ont vu dans la puissance d'acquérir la force motrice et la faculté de sentir, aussi bien que dans l'étendue, une propriété essentielle de la matière. Or, l'expérience nous force d'avouer que rien ne se fait de rien, que le principe substantiel des corps a existé et existera toujours, que les éléments de la matière ont une solidité indestructible et qu'il n'y a pas lieu de craindre que le monde périsse. Mais l'étendue, suivant les philosophes qui ont le plus médité sur cette question, n'est point solide ou formée de parties distinctes : rien en elle n'est uni, rien n'est divisé, car la matière, dépouillée de toute forme par abstraction, n'a qu'une force motrice en puissance et non une force actuellement active et capable d'unir ou de désunir.

C'est donc en puissance que l'étendue contient les formes passives de la matière, la grandeur, la figure, le repos et la situation. Ainsi la matière, susceptible du mouvement, forme la substance des corps ; devenue capable de se mouvoir, elle en constitue le principe actif : mais le principe passif et le principe actif dépendent si essentiellement l'un de l'autre que Cicéron, pour mieux exprimer cette union essentielle et primitive, dit qu'ils se trouvent l'un dans l'autre. Les modernes qui ont donné à la substance des corps le nom de matière se sont trompés, puisque la matière ou principe passif ne fait qu'une partie de cette substance : il n'est pas surprenant dès lors qu'ils n'y aient pas découvert la force motrice et la faculté de sentir. Le principe actif doit avoir dans l'essence inconnue de la matière une autre source que l'étendue : mais il existe dans la substance des corps, car on ne saurait, ni avoir aucune idée, ni démontrer l'existence d'un autre agent qui communiquerait le mouvement à cette substance. Que si, avec Descartes, génie fait pour se frayer de nouvelles routes et s'égarer, l'on dit que Dieu, seule cause efficiente du mouvement, l'imprime à chaque instant aux corps, on fait une hypothèse qu'on tente d'adapter à la foi ; on ne parle pas comme un philosophe qui ne s'en rapporte qu'à l'évidence. D'ailleurs les philosophes de tous les siècles, à l'exception des Cartésiens qui ont soutenu le système ridicule des bêtes-machines, ont admis l'existence, dans la substance des corps, de la faculté de sentir. Sans doute, il est impossible de concevoir cette propriété comme une dépendance ou un attribut de la matière ; mais nous ne comprenons pas mieux comment l'étendue en découle, et peut être mue par une force primitive. Et la raison ne nous permet pas de supposer que le sentiment appartient à une substance distincte de la matière, car, ne connaissant dans les corps que la matière et n'observant la faculté de sentir que dans ces corps, nous n'avons aucun fondement pour établir l'existence d'un être idéal désavoué par toutes nos connaissances. Mais, d'un autre côté, nous ignorons si la matière a en soi la faculté immédiate de sentir ou seulement la puissance de l'acquérir par les modifications ou les formes dont elle est susceptible, car cette faculté ne se montre que dans les corps organisés.

Pour que les propriétés de la matière entrent en exercice, il faut, pour ainsi dire, que la matière s'habille de quelques formes qui lui donnent la faculté de se mouvoir et de sentir, qui la réalisent en la rendant sensible ; aussi les formes, tout en n'étant que des modifications, ont-elles été appelées des *formes substantielles*. Il y a des formes simples pour les éléments, des formes composées pour les différents mixtes ; il y a, dans les corps vivants, des formes pour les parties organiques et des formes qui constituent le principe de vie, âme végétative, sensitive et raisonnable. C'est l'éther qui joue le premier rôle dans la formation des corps, c'est lui qui en forme les âmes : l'âme végétative n'est pas l'organisation, mais la cause qui produit l'organisation, dirige le mécanisme des actions dans les animaux et les végétaux. C'est d'ailleurs une forme purement matérielle malgré l'espèce d'intelligence dont elle n'est pas dépourvue. L'âme sensitive, distincte du corps organique et des opérations de l'âme végétative, est le principe qui, dans les animaux, sent, discerne, connaît ; les sens sont les organes qui font naître dans l'âme les sensations, le cerveau est le siège de l'âme ; les connaissances, même celles qui sont les plus familières à l'âme, ne résident dans l'âme qu'au moment où elle en est affectée : c'est par la fréquente répétition des mêmes mouvements que s'expliquent la mémoire, l'imagination, les inclinations, les passions et toutes les facultés qui mettent

l'ordre dans les idées, le maintiennent et rendent les sensations plus ou moins fortes et étendues. L'âme sentant en
différents lieux du cerveau, puisque chaque nerf diffère des
autres à sa naissance, n'est pas inétendue comme le veut
Descartes ; touchant et remuant le corps d'un grand nombre
de façons différentes, elle est matérielle comme le corps, et
elle lui est si intimement unie qu'Aristote a pu dire qu'il
n'y a point d'âme sans corps, et que l'âme n'est point un
corps, que l'âme, a-t-on dit encore, se perfectionne et
s'embellit avec le tempérament et la disposition des organes.
Mais, dit-on, l'âme qui nous montre constamment, non la
pensée qui lui est accidentelle, mais l'activité et la sensibilité,
est une substance dont la vie ne dépend pas de celle du
corps. Pourquoi imaginer le sujet de ces propriétés d'une
manière absolument distincte du corps ? L'organisation
même de la moëlle aux premiers commencements de sa
naissance (c'est-à-dire à la fin du cortex,) comme on le voit
clairement, les possède à l'état sain et les met toutes en
acte. Une foule d'observations et d'expériences certaines
prouvent que l'âme n'est pas d'une autre nature que le
corps ; ceux qui disent le contraire étalent beaucoup de
métaphysique sans une seule idée.

Quelles sont les facultés corporelles qui se rattachent à
l'âme sensitive ?

Il faut placer, dans une première classe, la mémoire,
l'imagination, les passions ; dans une seconde, les appétits,
l'instinct, la pénétration et la conception. Puis, à côté
des connaissances, viennent se ranger les affections qui
font notre plaisir ou notre bonheur, notre peine ou notre
malheur, qui donnent naissance à la volonté et au goût.

La mémoire consiste dans les modifications permanentes
du mouvement des esprits animaux, excités par les impressions des objets qui ont agi vivement ou très souvent sur
les sens, en sorte que ces modifications rappellent à l'âme
les mêmes sensations avec les mêmes circonstances de lieu,

2

de temps, etc., qui les ont accompagnées au moment où elle les a reçues par les organes qui sentent.

L'imagination est la perception d'une idée produite par des causes internes, et semblable à quelqu'une des idées que les causes externes avaient coutume de faire naître. Quant aux passions, si nous n'en connaissons pas les causes, les lumières que le mécanisme des mouvements dans les corps animés a répandues de nos jours nous permettent de les expliquer toutes assez clairement par leurs effets : celui qui sait, par exemple, que le chagrin resserre les diamètres des tuyaux, tout en ignorant quelle est la première cause qui fait que les nerfs se contractent autour d'eux comme pour les étrangler, conçoit aisément tous les effets qui s'en-suivent, la mélancolie, la manie, etc.

Les inclinations sont des dispositions qui relèvent de la structure particulière des sens, de la solidité, de la mollesse des nerfs qui les constituent, des divers degrés de mobilité des esprits. Les appétits dépendent de certains organes, destinés à nous donner les sensations qui nous font désirer la jouissance ou l'usage des choses utiles à la conservation de notre machine, à la propagation de notre espèce. L'ins tinct consiste dans des dispositions corporelles, purement mécaniques, qui font agir les animaux sans nulle délibéra-tion, indépendamment de toute expérience, et comme par une espèce de nécessité, mais cependant (ce qui est bien admirable) de la manière la plus convenable pour leur con-servation. De l'instinct naissent la sympathie ou l'antipa-thie de certains animaux pour leurs semblables et pour l'homme, les ruses, le discernement, le choix indélibéré, automatique et pourtant sûr, des aliments, des plantes salutaires qui peuvent les guérir. Les opérations de l'instinct se font, comme le dit Boerhave, en vertu des lois auxquelles l'Auteur de la nature a assujetti les corps animés et dont dépendent toutes les premières causes. Ainsi que l'a pensé Maupertuis, l'homme le plus capable d'arracher à la nature ses secrets, il y a une certaine force qui, appartenant aux plus petites parties de l'animal et répandue dans chacune, caractérise, non seulement chaque espèce d'animal, mais chaque animal de la même espèce ; chacun se meut et sent diversement et à sa manière, tandis que tous appètent nécessairement ce qui convient à la conservation de leur être et ont une aversion naturelle pour ce qui pourrait leur nuire. La pénétration est une heureuse disposition dans la structure intime des sens et des nerfs, dans le mouvement des esprits qui amène dans l'âme des sensations si nettes, si exquises qu'elles la mettent en état de les distinguer promptement et exactement l'une de l'autre ; la conception ou compréhension dépend des mêmes parties et permet à l'âme d'embrasser, dans le même instant et sans nulle confusion, plus ou moins d'idées.

L'âme n'a pas que des connaissances ; elle éprouve, à la suite des sensations, des affections qui font notre plaisir ou notre bonheur, notre peine ou notre malheur. Le bonheur ne dépend pas de la manière de penser, puisque nous ne pensons ni ne sentons comme nous le voudrions. Demander le bonheur à la réflexion ou à la recherche de la vérité, c'est le chercher où il n'est pas. En réalité, il dépend de causes corporelles, de certaines dispositions du corps, naturelles ou acquises par l'action des corps étrangers sur le nôtre : il y a des gens qui, grâce à l'heureuse conformation de leurs organes et à la modération de leurs désirs, sont heureux à peu de frais ; d'autres, et c'est le plus grand nombre, ont à chaque instant besoin de plaisirs nouveaux et ne sont heureux que par accident.

Puis les sensations qui nous affectent ainsi décident l'âme à vouloir ou à ne pas vouloir, à aimer ou à haïr : l'état de l'âme, ainsi décidée par ses sensations, s'appelle la volonté. La volonté est distincte de la liberté, car on peut être agréablement et en conséquence volontairement

affecté par une sensation, sans être maître de la rejeter ou
de la recevoir. Rien n'est si borné que l'empire de l'âme
sur le corps, non seulement elle ne connaît pas les muscles
qui lui obéissent, elle ne sait pas quel est son pouvoir volon-
taire sur les organes vitaux, mais elle n'en exerce jamais
d'arbitraire sur ces mêmes organes ; elle ne sait pas même
si la volonté est la cause efficiente des actions musculaires
ou simplement une cause occasionnelle, mise en jeu par
certaines dispositions internes du cerveau qui agissent sur
la volonté, la remuent secrètement et la déterminent de
quelque manière que ce soit.

L'appréciation des impressions agréables ou désagréables
que l'âme reçoit de ses différentes sensations produit un
jugement de *goût* ; le *bon goût* est constitué par les sensations qui flattent le plus généralement tous les hommes et
qui sont, pour ainsi dire, les plus accréditées ou les plus en
vogue. Le génie est un esprit aussi juste que pénétrant,
aussi vrai qu'étendu, qui évite l'erreur, comme un pilote
habile évite les écueils, se sert de la raison comme d'une
boussole, ne s'écarte jamais de son but, manie la vérité
avec autant de précision que de clarté et enfin embrasse
aisément, et comme d'un coup d'œil, une multitude d'idées
dont l'enchaînement forme un système expérimental, aussi
lumineux dans ses principes que juste dans ses conséquences.
Mettra-t-on parmi les grands génies Descartes, qui a peut-
être fait autant pour la géométrie que Newton, mais qui
dans ses *Méditations*, ne sait ni ce qu'il cherche, ni où il
veut aller, ni ce qu'il dit ; Malebranche, dont l'ouvrage ma-
gnifique a pour matériaux, l'erreur, l'illusion, les rêves, les
vertiges et le délire ; Leibniz, Wolff, commentateur ori-
ginal, qui a donné son nom à la secte de son maître, parce
qu'ils ont tous recherché les premières causes et se sont
vantés de les connaître ? Il n'en est pas moins vrai que le
succès des Locke, des Boerharve et de tous les hommes sages

qui se sont bornés à l'examen des causes secondes, prouve bien que l'amour propre est seul à n'en pas tirer le même avantage que de celui des causes premières.

Le principe sensitif conserve-t-il à la mort la faculté de sentir ? D'autres causes que les organes peuvent-elles alors lui donner des sensations qui le rendent heureux ou malheureux ? Nous ne pouvons rien en savoir, parce qu'on ne sait rien au delà de ce que nous apprennent les sensations, et qu'alors les sensations nous abandonnent. Ce qui paraît le plus vraisemblable, d'après les principes établis, c'est que les animaux perdent en mourant leur puissance immédiate de sentir, et que, par conséquent, l'âme sensitive est véritablement anéantie avec eux.

Dans l'âme raisonnable, il y a lieu de distinguer les perceptions intellectuelles, la liberté, l'attention, la réflexion, l'ordre ou l'arrangement des idées, l'examen et le jugement, mais toutes ces facultés ne sont que des manières diverses de sentir. Les anciens ont cru que la différence d'intelligence qu'on remarque entre les hommes dépend de la perfection plus ou moins grande de l'organisation corporelle ; voyant que les causes qui dérangent les organes troublent, altèrent l'esprit et peuvent rendre imbécile l'homme le plus intelligent et le plus sagace, ils ont conclu que la perfection de l'esprit consiste dans l'excellence des facultés organiques du corps humain. La saine et raisonnable philosophie avoue franchement qu'elle ne connaît pas cet être incomparable qu'on décore, sous le beau nom d'âme, d'attributs divins ; elle avoue, dit La Mettrie en citant le mot de Voltaire « *Je suis corps et je pense* » que c'est le corps qui lui paraît penser ; mais elle a toujours blâmé les philosophes qui ont osé affirmer quelque chose de positif sur l'essence de l'âme, semblable en cela à ces sages Académies qui, n'admettant que des faits en physique, n'adoptent ni les systèmes, ni les raisonnements qu'en tirent quelques-uns de leurs membres. Il ne s'agit ici, d'ailleurs, que de l'Histoire naturelle des corps animés; c'est aux théologiens à nous dire ce qu'ils conçoivent si bien, l'essence de l'âme et son état après la mort, il suffit au philosophe chrétien de se soumettre aux lumières de la révélation.

En terminant son livre, La Mettrie rapporte diverses histoires pour montrer que toutes les idées viennent des sens : celle du sourd de Chartres, que l'on retrouve dans Condillac; celle de l'aveugle de Chieselden qu'il emprunte aux *Éléments de la philosophie de Newton par Voltaire,* et à propos de laquelle il fait plusieurs observations fort justes. Puis il expose la méthode ingénieuse par laquelle Ammann apprend à parler aux sourds-muets de naissance et donne quelques réflexions sur l'éducation des enfants, qu'il commande de traiter à peu près comme des sourds-muets; il rapporte l'histoire d'un enfant trouvé parmi les ours, celle des hommes sauvages appelés *Satyres,* dans lesquels il comprend les orangs-outangs, enfin la conjecture d'Arnobe, qui lui permet de joindre à l'expérience l'autorité, et comme le faisaient Voltaire et d'Argens, l'autorité d'un Père de l'Église. L'ouvrage se termine par la conclusion suivante :

« *Point de sens, point d'idées. — Moins on a de sens, moins on a d'idées. — Peu d'éducation, peu d'idées. — Point de sensations reçues, point d'idées.* Donc l'âme dépend essentiellement des organes du corps, avec lesquels elle se forme, croît, décroît : *Ergo participem leti quoque convenit esse.* »

Dans ses autres ouvrages, La Mettrie, cite, combat et réfute, loue et admire les idées qu'il a déjà exposées, de manière à mieux se cacher, a-t-on dit, mais avec l'intention bien évidente de se moquer de ses lecteurs comme de lui-même et de toute chose. Les plus importants sont l'*Homme-Machine,* qui complète l'exposition de son matérialisme et le *Discours sur le bonheur* qui contient sa morale.

Dans la dédicace, adressée au célèbre Haller, du premier de ces ouvrages, La Mettrie place au-dessus des plaisirs des sens les plaisirs de l'esprit, la recherche de la vérité, la lecture des poètes, la contemplation des œuvres des peintres, des architectes, la représentation des tragédies et des opéras. Il loue Voltaire, Linné et Maupertuis, mais surtout le grand art de guérir et le médecin, *le seul philosophe qui mérite de sa patrie*. Dans l'ouvrage lui-même, c'est au spiritualisme et au matérialisme que La Mettrie ramène tous les systèmes des philosophes sur l'âme de l'homme. Entre l'un et l'autre, l'expérience et l'observation peuvent seules prononcer : les médecins philosophes ont parcouru et éclairé le labyrinthe de l'homme, dévoilé seuls les ressorts cachés sous des enveloppes qui dérobent à nos yeux tant de merveilles, surpris notre âme dans sa misère et dans sa grandeur, sans plus la mépriser dans le premier de ces états que l'admirer dans le second. L'homme est une machine si composée que toutes les recherches faites *à priori* par les plus grands philosophes ont été vaines ; ce n'est qu'*à posteriori*, en cherchant à la démêler à travers les organes du corps qu'on peut, non découvrir avec évidence la nature même de l'homme, mais atteindre le plus grand degré de probabilité possible sur ce sujet. Autant de tempéraments, autant d'esprits, de caractères et de mœurs différentes : Galien a connu cette vérité, que Descartes a développée jusqu'à dire que la médecine seule peut changer les esprits et les mœurs avec les corps. Dans les maladies, tantôt l'âme s'éclipse, tantôt on dirait qu'elle est double : le paralytique demande si sa jambe est dans son lit, le soldat croit avoir le bras qu'on lui a coupé. L'âme et le corps s'endorment ensemble ; l'opium fait disparaître la douleur à laquelle l'âme était en proie, change sa volonté ; le café dissipe nos maux de tête et nos chagrins. Sans les aliments, l'âme languit, entre en fureur et meurt abattue. Nourrissez le corps, versez dans ses tuyaux des sucs vigoureux, des liqueurs fortes, l'âme, généreuse comme elles, s'arme d'un fier courage : on dirait en certains moments que l'âme habite dans l'estomac. L'influence de l'âge sur la raison est manifeste : l'âme suit les progrès du corps et ceux de l'éducation, elle est en rapport chez les femmes avec la délicatesse du tempérament. Et c'est ce qui explique que, par la figure ou la forme des traits, on devine la qualité de l'esprit, que les portraits de Locke, de Boerhave, de Maupertuis montrent des physionomies fortes, des yeux d'aigle. L'histoire prouve, par ce qui arriva à Blois au duc de Guise, la puissance de l'air. Un peuple a l'esprit lourd et stupide, un autre l'a vif, léger, pénétrant : ces différences proviennent en partie de la nourriture, de la semence des pères, de ce chaos d'éléments divers qui nagent dans l'immensité de l'air. Les états de l'âme sont donc toujours corrélatifs à des états du corps. L'anatomie comparée nous démontre mieux cette dépendance et ses causes : l'étude du cerveau de l'homme et des animaux nous permet de croire qu'il ne serait peut-être pas plus impossible d'apprendre à parler aux grands singes qu'aux écoliers d'Ammann. C'est qu'en effet, des animaux à l'homme, la transition n'est pas violente. Jusqu'à un certain âge, l'homme est inférieur aux autres animaux ; seul il mourrait au milieu d'une rivière de lait ou tomberait dans un précipice sur le bord duquel on le placerait. Avant l'invention des mots et la connaissance des langues, l'homme n'était qu'un animal ayant beaucoup moins d'instinct naturel que les autres. Tout son savoir, jugement, raisonnement, mémoire, n'est qu'imagination. Or l'imagination dépend de l'organisation et de l'exercice qu'on lui donne : si le cerveau le mieux construit serait, sans l'instruction, une chose inutile, l'instruction ne saurait porter aucun fruit sans un cerveau parfaitement organisé(1).

(1) La Mettrie exprime d'une autre façon cette pensée qui résume sa doctrine : « Le cerveau est la *matrice de l'esprit* qui se pervertit à sa manière avec celle du corps. — Quel serait, dit-il encore, le fruit de la plus excellente école sans une *matrice* parfaitement ouverte à l'entrée ou

Un cerveau bien organisé et bien instruit est une terre féconde et parfaitement ensemencée qui produit le centuple de ce qu'elle a reçu ; l'imagination, élevée par l'art à la belle et rare dignité du génie, saisit exactement tous les rapports des idées qu'elle a conçues, embrasse avec facilité une foule étonnante d'objets, d'où elle tire une longue chaîne de conséquences ou de nouveaux rapports.

Objecte-t-on, pour maintenir une distinction primitive entre l'homme et l'animal, qu'il y a dans l'homme une loi naturelle, une connaissance du bien et du mal qui n'a pas été gravée dans le cœur des animaux ? Certains animaux semblent connaître leurs torts et les nôtres, discerner le bien et le mal, avoir conscience de ce qu'ils font; si d'autres sont féroces, il y a aussi de la férocité dans notre espèce. Admet-on d'ailleurs que, par le plaisir ou la répugnance, l'homme distingue facilement la vertu et le vice, il faudra admettre que les animaux, formés de la même matière, à laquelle il n'a peut-être manqué qu'un degré de fermentation pour égaler en tout les hommes, sont comme eux sujets au remords. A tous les animaux, au ver qui rampe comme à l'aigle qui se perd dans la nue, la nature a donné une portion de la loi naturelle en rapport avec la perfection de leurs organes.

Mais la loi naturelle n'est qu'un sentiment intime qui ne suppose ni éducation, ni révélation, ni législation. Sans doute le plus grand degré de probabilité est pour l'existence d'un être suprême, mais l'athéisme n'exclut pas la probité la plus exacte, pas plus que la religion ne la suppose. D'ailleurs, il nous est absolument impossible de remonter à l'origine des choses, et il est indifférent, pour notre repos, que la matière soit éternelle ou qu'elle ait été créée, qu'il y ait un Dieu ou qu'il n'y en ait pas. Les arguments tirés du

à la conception des idées ? » — Les expressions nous indiquent sa tournure d'esprit habituelle.

spectacle de la nature, *le sublime ouvrage du médecin Diderot, les Pensées philosophiques*, ne convaincront pas un athée qui supposera que la Nature, inconnue pour nous en grande partie, peut contenir dans son sein des causes cachées par lesquelles toutes choses ont été produites ; que le mouvement par lequel le monde est conservé a pu aussi le créer, que l'œil ne voit que parce qu'il se trouve organisé et placé comme il l'est, qu'étant posées les lois suivies par la nature dans la génération et le développement des corps, il n'était pas possible que ce merveilleux organe fût organisé et placé autrement. La Mettrie ne prend, dit-il, aucun parti, mais il fait parler un Français de ses amis, aussi franc Pyrrhonien que lui : l'Univers, lui fait-il dire, ne sera jamais heureux, à moins qu'il ne soit athée; si l'athéisme était généralement répandu, toutes les branches de la religion seraient détruites et coupées par la racine ; plus de guerres théologiques et religieuses ; les mortels tranquilles ne suivraient que les conseils spontanés de leur propre individu et arriveraient au bonheur par les . agréables sentiers de la vertu.

L'organisation, d'où dépendent les facultés de l'âme, suffirait à tout ; car si la pensée se développe visiblement avec les organes, pourquoi la matière dont ils sont faits, ne serait-elle pas aussi susceptible de remords quand elle aurait acquis avec le temps la faculté de sentir ? L'âme n'est qu'un vain terme dont on n'a point d'idée ; si l'on pose le principe du mouvement, les corps animés auront tout ce qu'il leur faut pour se mouvoir, sentir, penser, se repentir, pour gouverner le physique et le moral. Les expériences de Cowper, de Harvey, de Bacon, de Boyle, de Sténon, de l'auteur lui-même, prouvent, d'une manière incontestable, que chaque petite fibre ou partie des corps organisés se meut par un principe qui lui est propre et dont l'action ne dépend point des nerfs, comme les mouvements volontaires. Cette force innée réside dans le parenchyme, c'est-à-dire dans la substance propre des parties, qui contiennent chacune des ressorts plus ou moins vifs selon le besoin qu'elles en ont. C'est ainsi que le cerveau a ses muscles pour penser, comme les jambes pour marcher, son principe incitant et impétueux ou âme qui, par les nerfs, exerce son empire sur tout le reste du corps. L'homme n'est qu'un animal, un assemblage de ressorts qui se montent les uns par les autres ; l'âme n'est qu'un principe de mouvement ou une partie matérielle et sensible du cerveau qu'on peut regarder comme un ressort principal de la machine, qui a une influence visible sur toutes les autres et même paraît avoir été fait le premier. Quoi qu'en disent les Cartésiens, les Stahliens, les Malebranchistes et les Théologiens, la matière se meut par elle-même, lorsqu'elle est organisée et même lorsque l'organisation est détruite. Quant à la nature du mouvement, elle nous est aussi inconnue que celle de la matière. La matière organisée est douée d'un principe moteur ; tout dépend dans les animaux de la diversité de l'organisation, en voilà assez pour deviner l'énigme des substances et celle de l'homme. Il n'y a qu'une substance dans l'univers, et l'homme est l'être le plus parfait : il est au singe et aux animaux les plus spirituels ce que la pendule planétaire de Huygens est à une montre de Julien le Roi. Laissons donc le prétendu M. Charp (1) se moquer des philosophes qui ont regardé les animaux comme des machines ; faisons une réparation authentique à Descartes pour tous ces petits philosophes, mauvais plaisants et mauvais singes de Locke qui, au lieu de rire impudemment au nez de ce grand philosophe, feraient mieux de sentir que sans lui le champ de la philosophie serait encore en friche ; s'il s'est trompé, il a le premier parfaitement démontré que

(1) La première édition a pour titre : *Histoire naturelle de l'âme, traduite de l'anglais de M. Charp, par feu H**, de l'Académie des sciences, etc.* à la Haye, chez Jean Néaulme, libraire, 1745.

les animaux sont de pures machines. La nature est uniforme, il y a analogie entre le règne animal et le règne végétal, entre l'homm' et la plante. Peut-être même y a-t-il des plantes animales, c'est-à-dire des plantes qui, en végétant, font d'autres fonctions propres aux animaux.

Nous ne savons rien de plus sur notre destinée que sur notre origine : soumettons-nous donc à une ignorance invincible, de laquelle notre bonheur dépend. Nous attendrons la mort sans la craindre ni la désirer, nous chérirons la vie, nous plaindrons les vicieux sans les haïr, nous admirerons la beauté et la vertu ; matérialistes convaincus, nous ne maltraiterons point nos semblables, nous ne voudrons point faire aux autres ce que nous ne voudrions pas qu'ils nous fissent.

Nous arrivons au *Discours sur le Bonheur*, où La Mettrie travaille à réfuter la *Vie heureuse* de Sénèque. Nos organes, dit-il, sont susceptibles d'un sentiment ou d'une modification qui nous plaît ; si cette modification dure peu, c'est le plaisir, si elle dure plus longtemps, c'est la volupté, si elle est permanente, c'est le bonheur. Avoir tout à souhait, heureuse organisation, beauté, esprit, grâce, talents, honneurs, richesses, santé, plaisirs, gloire, tel est le bonheur réel et parfait. Le bonheur qui dépend de l'organisation est le plus constant ; le chef-d'œuvre de l'éducation est de dissiper les préjugés de l'enfance, de faire disparaître les remords qui corrompent notre félicité : aussi le bonheur sera pour les ignorants et pour les pauvres, comme pour les savants et les riches, pour les méchants comme pour les bons. Il y a un bonheur organique ou de tempérament qui rend heureux les ignorants, les imbéciles et les animaux, qui explique cette douceur et cette tranquillité que donne l'opium, que produisent les rêves. L'esprit, le savoir, la raison sont le plus souvent inutiles à la félicité, quelquefois même ils sont funestes et meurtriers pour elle. La raison n'est pour nous un bon guide que quand elle suit elle-même la nature; elle peut alors délivrer l'esprit de toute inquiétude et procurer la tranquillité à l'âme; elle nous apprend que nous retournerons, comme au fond l'ont cru Sénèque et Descartes, dans le sein de la nature qui nous a produits; qu'il n'y a qu'une vie et qu'une félicité. L'éducation a tourné les hommes, méchants en naissant, au profit et à l'avantage des hommes; elle a donné naissance à la vertu, dont le bien public est la source. Quoiqu'il n'y ait point de vertu proprement dite ou absolue, il y a des vertus relatives à la société, qui la font subsister et qui rendent heureux ceux qui les possèdent : le médecin, par son art de conserver les hommes, fait plus que s'il les créait de nouveau; le père de famille élève des enfants tendres et reconnaissants, il leur donne une seconde vie plus précieuse que la première;... le véritable ami, complaisant sans bassesse, vrai sans dureté, prudent, discret, obligeant, défend son ami, lui donne de bons conseils et n'en reçoit point d'autres; le citoyen, fidèle et zélé, fait des vœux pour sa patrie et pour son prince; l'officier, brave et éclairé, conduit le soldat intrépide et féroce; le moraliste sensé fournit de bons préceptes puisés dans la nature; l'historien nous offre les plus grands exemples de l'antiquité la plus reculée, etc. Tout ce qui est utile à la société est une vertu, comme l'établit Diderot dans son *Essai sur le mérite et la vertu*. Le remords n'est qu'une fâcheuse réminiscence, une ancienne habitude de sentir qui reprend le dessus, un vieux préjugé qui est pour l'homme le plus grand des ennemis; il est inutile avant le crime, il ne sert pas plus après que pendant le crime; il n'y a que ceux qui n'en ont pas besoin qui en puissent profiter; il corrompt les fruits de la vertu et ne peut servir de frein à la méchanceté, il est au moins inutile au genre humain. Ce n'est point inviter au crime ou soutenir la méchanceté que de vouloir le supprimer; c'est l'expliquer, c'est y compatir parce qu'on en trouve l'excuse dans l'organisation; ce n'est point enhardir les méchants, c'est les plaindre par humanité, c'est les soulager d'un pesant fardeau, tout en reconnaissant qu'ils sont eux-mêmes un fardeau bien plus onéreux pour la société. Exempter les hommes des remords, ce n'est pas être capable de ce qui les donne. Mais concevoir ainsi la société, voir les hommes entraînés par leur organisation, par l'éducation qui les fait tourner comme des girouettes, c'est placer en soi la source des indulgences, des excuses, des pardons, des grâces, des éloges, de la modération dans les supplices, qu'on doit ordonner à regret, et des récompenses dues à la vertu, qu'on ne saurait accorder de trop grand cœur; c'est soutenir en même temps que toute la différence entre les méchants et les bons consiste en ce que les premiers préfèrent leur intérêt particulier à l'intérêt général, tandis que les autres sacrifient leur bien propre à celui d'un ami ou du public.

Et La Mettrie, dans le *Discours préliminaire* placé en tête de l'édition de ses *Œuvres philosophiques*, dédiée à Frédéric II, essayait de prouver que la philosophie, contraire à la morale et à la religion, ne détruit ni l'une ni l'autre. Si elle renverse le trône du système des mœurs en affirmant l'entière destruction de tous les êtres animés, elle ne rompt ni ne peut rompre les chaînes de la société qui, pour subsister, s'appuie sur un système de mœurs publiques et appelle la religion au secours des règles et des lois, auxquelles elle joint les supplices. Aussi la philosophie, enseignant le matérialisme, résultat évident pour elle des observations et des expériences des médecins et des philosophes les plus éminents, qui reste d'ailleurs lettre morte pour le peuple et n'exerce sur lui aucune influence, n'empêche nullement ceux qui l'adoptent d'être des honnêtes gens qui applaudissent aux lois, aux mœurs, à la religion même, presque autant qu'aux potences et aux échafauds par lesquels les législateurs excitent les hommes à contribuer à l'avantage de la société. Ni Bayle, ni Spinoza, ni Vanini, ni

Hobbes, ni Locke, Montaigne, Saint-Evremond ou Chaulieu, ni les déistes ou les athées ne mettent une société en péril. Bien plus, la philosophie, qui sert de base à l'art de parler, se mêle utilement à la jurisprudence, à la morale, à la métaphysique, à la rhétorique, à la religion et travaille à resserrer les nœuds de la société.

III

Nous avons relevé, dans les œuvres de La Mettrie, tout ce qui nous a paru le plus propre à en faire ressortir la valeur philosophique auprès de ceux qui préfèrent le matérialisme aux autres systèmes ou qui, comme Lange et plusieurs penseurs français, y voient une introduction ou une préparation à leur propre doctrine. Nous pouvons maintenant examiner la réhabilitation qu'on a tentée de l'homme, du philosophe, du moraliste.

Commençons par l'homme. Deux choses, selon Lange, ont surtout contribué à faire mal juger La Mettrie, sa mort et ses écrits. Des fanatiques ont trouvé, dans le fait que La Mettrie est mort à la suite d'une indigestion, l'occasion de condamner et l'homme et le système. Mais d'abord, dit-il, il y a lieu d'avoir des doutes sur la véritable cause de sa mort. En second lieu, on ne cite de lui aucun acte de perversité, on n'a articulé aucune accusation positive contre sa moralité. Les preuves positives paraissent manquer pour établir qu'il mena une vie dissolue et frivole et rien ne justifie la tradition d'après laquelle il aurait été un voluptueux éhonté (1). Enfin, Frédéric II, dont le témoignage est d'autant plus important que La Mettrie prenait de grandes libertés à la cour et se laissait aller à un sans-gêne excessif dans la société du roi, juge très favorablement, dans son

(1) M. Assézat a montré de son côté que La Mettrie a éprouvé une vive affection pour l'enfant qu'il perdit à deux ans.

Éloge et ses conversations, le caractère personnel du médecin français, lui attribue une bienveillance naturelle et inaltérable, le vante comme une âme pure et un caractère honorable (1). Et invoquant tout à la fois l'absence des documents positifs qui établiraient l'immoralité de La Mettrie et le témoignage de Frédéric II, Lange affirme, en omettant soigneusement de prendre pour exemple aucun écrivain allemand, que La Mettrie n'a pas envoyé, comme Rousseau, ses enfants à l'hospice, qu'il n'a pas trompé deux fiancées comme Swift, qu'il n'a pas été déclaré coupable de concussion comme Bacon, qu'il n'est pas soupçonné, comme Voltaire, d'avoir falsifié des actes publics. Puis. après avoir rappelé que les écrivains, même les plus tolérants, ne veulent plus reconnaître en lui aucun trait louable, qu'ils sont surtout indignés de ses rapports avec Frédéric-le-Grand, il croit pouvoir affirmer que La Mettrie était une nature plus noble que Voltaire et Rousseau, ces deux héros équivoques ! Et cependant Lange lui-même trouve que s'il a pu être un ami serviable et dévoué, il a été, si l'on considère ses rapports avec Haller, un ennemi méchant et vulgaire.

Quant à ses ouvrages, il faut avouer, dit Lange, qu'il les fit servir, surtout dans les dernières années de sa vie, à briser les chaînes imposées par la morale, qu'il a composé sur la *Volupté* un livre cynique, qu'il a traité, dans l'*Homme-Machine*, les relations sexuelles avec une effronterie systématique, qu'on peut l'appeler impudent et frivole. Mais en même temps, on doit reconnaître qu'il a subi l'influence de son temps et de sa *nationalité*, que, sur le terrain des jouissances sensuelles, les écrivains *français de cette époque* étaient dépourvus d'un discernement éclairé, parce que, dans la seule société qu'ils connussent, les bienfaits de la discipline dans *la vie de famille et de la moralité*

---

(1) Le texte français de l'*Éloge* porte « une âme pure, un cœur serviable, un honnête homme, un savant médecin. »

supérieure qui en est inséparable, n'étaient que trop sacrifiés et presque oubliés. En outre, s'il a été conduit par son
système à la justification des plaisirs sensuels, il n'a pas
cherché dans le matérialisme une apologie pour son liber-
tinage. On trouve dans tous ses écrits une humeur riante
et nulle trace de cette sophistique des passions qui se développe dans un cœur déchiré. Composés au milieu de gens
qui, à de rares exceptions, étaient tout aussi portés que lui
vers les excès de la sensualité, mais se gardaient d'écrire
des livres sur ce sujet, ils ne montrent ni grande énergie
sensuelle, ni verve entraînante : on les croirait une œuvre
artificielle, exécutée avec une soumission pédantesque à un
principe définitivement adopté. Enfin, s'il a condamné le
remords, il n'a pas, comme Mandeville, recommandé le
vice et s'il a été jusqu'à dire : « *Si la nature t'a fait pour-
ceau, vautre-toi dans la fange, comme les pourceaux, car
tu es incapable de jouir d'un bonheur plus relevé et en tout
cas, tes remords ne feraient que diminuer le seul bonheur
dont tu sois capable, sans faire de bien à personne* », on ne
peut appeler une idée attrayante cette hypothèse d'un porc
à figure humaine.

Avant d'examiner ce que vaut historiquement ce portrait
rectifié de La Mettrie, rappelons ce que cet homme, dont
on a vanté la franchise, a pensé de lui-même :

« Je suis, disait-il dans *le Discours sur le bonheur*, une
espèce fort singulière; j'ai plus ri de l'ignorance et des
bévues de mes antagonistes que je ne me suis fâché de leur
acharnement. Je traite tout de même; le chagrin, l'adver-
sité, les maux, les petites modifications de la vie ne m'attei-
gnent que fort peu. On crie, on déclame et je ris. Tous les
traits de la malignité et de l'envie ne percent point ce rem-
part de douceur, de gaieté, de patience, de tranquillité,
d'humanité, en un mot, de vertus sinon théologiques, du
moins morales et politiques, que la nature m'a données et
que la philosophie a renforcées. Je me suis vu battu par la

tempête, mais comme un rocher.... Enfin, assez stoïcien sur la douleur, sur les maladies, sur les calomnies, je suis peut-être trop épicurien sur le plaisir, sur la santé et les éloges. Si ce n'est pas là ce qu'on appelle un heureux tempérament, qu'on me dise donc où il est, car quoi de plus fortuné que de pouvoir sentir toujours la douce ardeur des rayons du soleil, sans être incommodé de l'ombre et du froid que donnent les nuages qui le couvrent? »

La Mettrie a complété son portrait dans l'*Homme-Plante* : « Voilà, Dieu merci, tant de fortes épreuves par lesquelles j'ai passé sans trembler, que j'ai lieu de croire que je mourrai de même en philosophe. Dans ces violentes crises où je me suis vu prêt de passer de la vie à la mort; dans ces moments de faiblesse, où l'âme s'anéantit avec le corps, moments terribles pour tant de grands hommes, comment, moi, frêle et délicate machine, ai-je la force de plaisanter, de badiner, de rire? Je n'ai ni craintes, ni espérances. Nulle empreinte de ma première éducation, cette foule de préjugés, sucés pour ainsi dire avec le lait, a disparu heureusement de bonne heure à la divine clarté de la philosophie. Cette substance molle et tendre sur laquelle le cachet de l'erreur s'était si bien imprimé, rase aujourd'hui, n'a conservé aucun vestige ni de mes collèges, ni de mes pédants. J'ai eu le courage d'oublier ce que j'avais eu la faiblesse d'apprendre, tout est rayé (quel bonheur), tout est extirpé jusqu'à la racine : et c'est le grand ouvrage de la réflexion et de la philosophie, elles seules pouvaient arracher l'ivraie et semer le bon grain dans les sillons que la mauvaise herbe occupait. » Après avoir ainsi fait connaître son caractère, La Mettrie nous explique le but qu'il a poursuivi. Il a entrepris de se peindre dans ses écrits, comme Montaigne a fait dans ses *Essais;* il n'est point de ces misanthropes, tels que le Vayer, qui ne voudraient point recommencer leur carrière, car l'ennui hypocondriaque est trop loin de lui, mais il ne voudrait pas repasser par cette stupide enfance qui

commence et finit sa course ; il choisirait plutôt le plus bel
âge de sa vie, mais pour remplir par l'esprit, autant qu'il
est possible, les vides du cœur et non pour se repentir de
les avoir autrefois comblés d'amour. Il ne voudrait revivre
que comme il a vécu, dans la bonne chère, la bonne compagnie, la joie, le cabinet, la galanterie, toujours partageant
son temps entre les femmes, Hippocrate et les Muses, toujours aussi ennemi de la débauche qu'ami de la volupté,
toujours tout entier à ce charmant mélange de sagesse et
de folie qui, s'aiguisant l'une par l'autre, rendent la vie plus
agréable, et en quelque sorte plus piquante.

Voilà donc La Mettrie tel qu'il s'est peint lui-même. Com-
parons ce portrait, dans lequel il ne peut être soupçonné
d'avoir cherché à enlaidir le modèle, à celui que nous a tracé
Lange. Nous n'y avons, pas plus que dans les indications des
contemporains, trouvé de quoi établir incontestablement l'immoralité de La Mettrie, mais nous n'y avons rien rencontré
non plus qui nous permît de voir en lui, comme le dit Lange
après Frédéric II, une âme pure et un caractère honorable.
Dans son portrait, pas plus que dans ses actes, nous ne
voyons l'amour de l'humanité, l'oubli de soi-même et de ses
plaisirs personnels. Par suite, sans prétendre excuser les
fautes de Voltaire ou celles de Rousseau, nous ne pouvons
nous empêcher de croire que le défenseur de Calas, de
Sirven, de La Barre, que le Rousseau qui adorait la vertu,
tout en la concevant quelquefois d'une façon singulière,
sont incomparablement supérieurs, même au point de vue
moral, à La Mettrie. D'ailleurs, tout en accordant à Lange
qu'il n'est pas absolument prouvé que La Mettrie soit mort
d'une indigestion et non des suites du traitement par lequel
il avait voulu la combattre, tout en reconnaissant qu'on
s'est servi trop souvent de ce fait pour condamner l'homme
et le système, nous pensons que La Mettrie avait fait tout ce
qu'il fallait pour justifier une telle manière de voir. Que
d'Holbach eût eu, par exemple, une indigestion en sortant

de table et eût succombé aux suites de cet accident, il n'y auraiteu que des fanatiques, comme le dit Lange, pour condamner l'homme et le système d'après ce seul fait. Mais La Mettrie se présente comme ayant vécu dans *la bonne chère*, dans la bonne compagnie, la joie, le cabinet, la galanterie ; d'un autre côté, il ne se borne pas à placer dans ses écrits des descriptions sensuelles, comme l'ont fait presque tous les auteurs du XVIIIe siècle, il veut tracer des règles pour ceux qui recherchent la volupté, il compose un *Art de jouir* ; enfin il est persuadé que son système conduit à la justification des jouissances sensuelles, et il ne manque pas une occasion d'en présenter la recherche presque comme un devoir.

Or La Mettrie, après avoir suivi lui-même les règles qu'il avait tracées, meurt à 42 ans pour y avoir été fidèle. Comment les plus indulgents n'auraient-ils pas jugé que les règles étaient peu sûres, que le système d'où elles avaient été tirées était par cela même contestable, que l'homme enfin qui les avait données, avait été tout au moins un mauvais calculateur ? On arrive, de ce côté déjà, à se représenter La Mettrie comme un homme assez médiocre, quand on se borne à essayer de l'apprécier sans parti-pris, et plutôt même avec indulgence, mais en se gardant de toute affirmation contraire à la vérité (1).

Fort habile est le plaidoyer de Lange en faveur du spéculatif, du matérialiste et du théoricien moraliste : des réfutations péremptoires d'erreurs depuis longtemps accréditées, des concessions adroites aux adversaires de l'homme

(1) La Mettrie n'est pas d'ailleurs le seul dont Lange ait ainsi embelli le portrait, par réaction contre ceux qui avaient jugé avec une sévérité excessive des hommes dont ils condamnaient le système : « Toland, dit-il, est un de ces philosophes qu'on aime à contempler : il nous découvre en lui une personnalité importante dans laquelle se fondent harmonieusement toutes les perfections humaines. » M. Nourrisson a montré *(Philosophies de la nature)* que Toland n'était pas aussi parfait.

et du système, précèdent ou accompagnent les affirmations
plus que contestables, mais qui prennent ainsi une appa-
rence spécieuse, par lesquelles il veut amener le lecteur à
estimer que La Mettrie a été jugé avec une injustice souve-
raine. C'est d'après ses attaques à la morale et par sa mort
qu'on a toujours apprécié le penseur comme l'homme. Et
cependant ses écrits oubliés ne sont point aussi vides, aussi
superficiels qu'on se le figure habituellement : malgré leur
ton emphatique et leurs plaisanteries frivoles, ils renfer-
ment un nombre considérable de pensées justes et saines.
Dans le *Traité de l'Ame*, ouvrage circonspect et habilement
coordonné, La Mettrie, parti de l'empirisme et passant
insensiblement d'une façon très habile au matérialisme, en
se rattachant sans cesse aux idées et aux formules scolas-
tiques et cartésiennes, nous présente des remarques fines,
judicieuses, fait preuve de perspicacité comme de circonspection. *L'Homme-Machine* se déroule d'un cours ininter-
rompu comme un fleuve ; orné de toutes les fleurs de la
rhétorique, il forme une œuvre de polémique destinée à
frayer la voie à une théorie et non à prouver une décou-
verte. La Mettrie y combat, à bon droit, un genre puéril de
polémique souvent encore employé de nos jours contre le
matérialisme, y fait un éloge enthousiaste du plaisir que
procurent tous les arts, y a très judicieusement raison
contre Locke et Voltaire et y émet cette idée, qui lui est
propre, qu'on pourra un jour peut-être faire parler un
singe : s'il fait une pétition de principe et se trompe à propos
des théologiens et de la religion, c'est une inconséquence et
non une conséquence de son système. Sa morale, dans le *Discours sur le Bonheur*, a pour base l'élimination de la morale
absolue, qu'il remplace par une morale relative fondée sur la
société, comme celles de Hobbes et de Locke, mais d'une
manière essentiellement différente. Il y joint une théorie
personnelle du plaisir à laquelle ses successeurs français
substitueront l'idée plus vague de l'amour de soi, donne de

l'éducation, considérée, au point de vue de la morale, une théorie qui lui appartient en propre, ainsi que la polémique contre le remords, signale même le principe de la sympathie, le plus important des principes sur lesquels puisse s'étayer le matérialisme ; indique, en faisant contribuer au bien public le sentiment de l'honneur, la théorie morale à laquelle Helvétius donna plus tard un si grand développement, fait songer à Schiller, parlant des bons et des méchants, *qui tous suivent la voie du plaisir semée de roses*, et à Kant, appréciant, avant de le condamner, l'épicurisme. Si sa morale est condamnable, ce n'est pas parce qu'elle ramène au plaisir sensuel les jouissances mêmes que nous devons aux idées, c'est parce qu'elle est la théorie du plaisir : sans faire découler les vertus de la source la plus pure, elle en admet l'existence. La condamnation du remords, que La Mettrie fait dériver de sa distinction entre les bons et les méchants, est en contradiction flagrante avec ses principes, avec l'importance considérable qu'il donne à l'éducation pour l'individu et pour la société : comme tous les écrivains français de cette époque, il était dépourvu d'un discernement éclairé, *parce que les bienfaits de la discipline dans la vie de famille et de la moralité supérieure qui en découle étaient sacrifiés et oubliés.* En revanche, son système, bien conçu et riche en pensées importantes, l'amène à réclamer des peines plus humaines et aussi douces que possible ; La Mettrie essaie en outre de l'embellir en affirmant que la jouissance rend l'homme content, gai et serviable, et qu'elle est déjà en soi un lien efficace pour la société, tandis que l'abstinence rend le caractère rude, intolérant et par conséquent insociable ! Et, consultant les journaux et les écrits du temps, Lange montre, par le ton placide, la critique paisible et approfondie de plusieurs d'entre eux, même de ceux qui ont des théologiens orthodoxes pour auteurs, que l'opinion publique ne trouvait pas alors ce matérialisme aussi monstrueux qu'on veut le faire paraître de nos jours.

Aussi La Mettrie doit-il occuper le premier rang parmi les matérialistes du XVIII° siècle : Diderot a été entraîné au matérialisme, contre son gré, par ses relations avec d'Holbach et son entourage, par les écrits de Maupertuis, de Robinet, de La Mettrie lui-même ; d'Alembert dépasse le matérialisme, Buffon, Helvétius, Grimm, s'en rapprochent sans montrer *cette fermeté de principes, cet achèvement logique d'une pensée fondamentale*, qui distinguent La Mettrie, malgré toute la frivolité de son style. D'un autre côté, la morale de La Mettrie contient déjà tous les principes essentiels de la théorie de la vertu fondée sur l'amour de soi, qu'ont développée systématiquement plus tard Helvétius, d'Holbach et Volney. Par suite, on peut le comparer aux matérialistes et même aux philosophes les plus célèbres de l'antiquité et des temps modernes, à Straton, à Buffon et aux philosophes de la nature, en tête desquels se place Gœthe, à Büchner, plus sérieux et plus solide, mais, comme lui, voué par ses parents à la médecine, comme lui, remarqué d'abord *par ses études littéraires, philosophiques et poétiques, aussi bien que par l'éclat de son style*, à Moleschott, qu'il surpasse en circonspection et en pénétration, aux matérialistes contemporains, qui reproduisent son argumentation sur les rapports du cerveau aux facultés intellectuelles : « Aussi, ne pouvons-nous, dit Lange, trop en vouloir à Frédéric II de s'être intéressé à cet homme, de l'avoir fait venir à Berlin, nommé membre de l'Académie, en acceptant ainsi la philosophie de *l'Homme-Machine* et *l'Histoire naturelle de l'Ame.* »

Mais, pour faire de La Mettrie un des penseurs les plus éminents du XVIII° siècle et un de ceux qu'on doit comparer à leurs prédécesseurs et à leurs successeurs, il faudrait établir qu'il y a, dans ses ouvrages, des doctrines philosophiques d'une importance considérable, que ces doctrines ne lui viennent pas de philosophes connus chez lesquels on les trouve auparavant, enfin qu'elles ont pu être reprises chez lui, et seulement chez lui, par ceux dont on voudrait faire ses continuateurs.

Or nous pouvons, en tenant compte des analyses que nous avons faites des œuvres de La Mettrie et plus encore des éloges de Lange, résumer ainsi sa philosophie, considérée uniquement par les côtés où elle semble originale : il insiste sur les limites de la connaissance humaine, distingue la théologie, la scolastique et la philosophie, la spéculation et la pratique, combat les théologiens et réclame la liberté de penser, répète sans cesse que les questions métaphysiques ne sauraient être résolues avec certitude, qu'on ne peut atteindre en ces matières qu'une probabilité plus ou moins grande. Par contre, mettant dans les sens les sources de nos connaissances, il fait l'éloge des sciences expérimentales et essaie de transporter à ses doctrines métaphysiques la certitude des résultats scientifiques, accorde une importance considérable à l'éducation, rapproche les animaux et surtout les singes des hommes, fait jouer un grand rôle à l'organisation dans l'acquisition du bonheur. Enfin, distinguant le principe passif et le principe actif, expliquant à sa manière les formes substantielles et reproduisant la physique des stoïciens dont il combat la morale, tout en se rattachant à Descartes et à Spinoza, il prétend faire sortir tout à la fois le matérialisme du péripatétisme et du cartésianisme, tandis qu'il nie l'existence d'une vertu absolue, donne le bien public comme source de la vertu, condamne le remords et assimile les méchants à des malades.

Or, comment Lange procède-t-il pour établir que ces idées appartiennent en propre à La Mettrie et ont une grande valeur philosophique ? Schlosser l'a traité d'ignorant : il connaissait et utilisait, dit Lange, les travaux de Willis, sur l'anatomie du cerveau, de Trembley, sur les polypes, de Linné, sur la classification des plantes. Et l'on

ne saurait, ajoute-t-il, sans lui supposer un *ardent amour*
pour la vérité, expliquer qu'il ait, après de brillantes
études, abandonné une *clientèle nombreuse* pour se perfec-
tionner dans un centre scientifique en renom, qu'il ait entrepris de faire des traductions et des extraits pour introduire
en France les doctrines de Boerhave, au lieu de chercher à
s'enrichir dans sa profession. Sans demander à Lange comment il a su qu'un médecin de 24 ans avait déjà une nombreuse clientèle, sans insister sur l'humeur batailleuse de
La Mettrie, qui lui faisait trouver un plaisir si vif à combattre, à effrayer et à mystifier ses adversaires, nous
ferons remarquer qu'on ne saurait parler *d'ardent amour*
de la vérité, quand il s'agit d'un homme qui a vécu « dans
la bonne chère, la bonne compagnie, la joie, le cabinet, la
galanterie, toujours partageant son temps entre les femmes,
Hippocrate et les Muses (1) » qu'on ne peut pas plus voir
en lui l'homme du monde le mieux renseigné sur l'état de
la science à son époque (2).

Schlosser avait avancé en outre que La Mettrie était assez
effronté pour publier comme siennes les découvertes et les
observations d'autrui. Lange établit que l'*Histoire naturelle
de l'Ame* est chronologiquement antérieure aux ouvrages
de Condillac, de Diderot, de Buffon, à l'*Encyclopédie*, à plus
forte raison au livre de l'*Esprit* et au *Système de la Nature*,
qu'on l'a accusé d'avoir tous utilisés pour composer ses
écrits. Il n'est donc pas exact de faire de La Mettrie, avec
Rosenkranz et Zeller, un successeur de Condillac et
d'Helvétius, avec Kuno Fischer, un disciple de d'Holbach,
avec Hettner, un disciple de Diderot. Partout où nous
trouvons une frappante analogie de pensées chez La Mettrie,
dirons-nous en enlevant à l'affirmation de Lange son
excessive généralisation, et chez Diderot, Helvétius,

(1) Voyez p. 35.
(2) Jules Soury, *Rev. ph.*, *loc. cit.*

d'Holbach, la priorité appartient incontestablement à La Mettrie. Nous accorderons en outre, que, si les citations de La Mettrie sont presque toujours inexactes, il nomme ses devanciers et paraît moins enclin à se parer des plumes d'autrui qu'à se créer des confrères en opinion ; mais cela ne suffit pas à établir son originalité. S'il n'a pas fait d'emprunts à Diderot, à Helvétius, à d'Holbach, peut-on en dire autant, en ce qui concerne ceux qui l'ont précédé chronologiquement? Lange reconnaît que Montaigne « *mine presque inépuisable d'idées téméraires* » a été lu assidûment par La Mettrie, comme l'ont été Bayle et Voltaire, qu'il faudrait des études approfondies pour déterminer ce qui est réminiscence ou idées originales chez La Mettrie. Mais au lieu d'entreprendre un tel travail, qui lui eût seul fourni des conclusions légitimes, il a affirmé, que tout en montrant du doigt et d'un air indigné ce criminel, on s'appropria peu à peu ses idées, qu'on put vendre impr ment plus tard, comme originales, des pensées que l'on avait empruntées à La Mettrie, parce qu'on s'était séparé de lui avec une unanimité et une énergie de protestations qui déroutaient les contemporains. Lange se borne à retourner contre les successeurs de La Mettrie l'accusation de plagiat, au lieu de montrer directement l'originalité du philosophe.

Or il est permis de dire, en toute certitude (1), que des doctrines ont été empruntées, quand celui qui les expose reconnaît qu'il les a puisées chez celui auquel on les rapporte. Dans le cas contraire, on arrive à une probabilité plus ou moins grande : s'il est établi par exemple, au moyen de textes précis, que l'un a lu l'autre, qu'il ne trouvait nulle part ailleurs les idées qu'il a exprimées, il y a lieu de conjecturer qu'il les lui a prises, peut-être même à son insu ; si, dans les mêmes conditions, il s'agit d'une théorie

(1) Cf. F. Picavet, *L'histoire de la philosophie, ce qu'elle a été, ce qu'elle peut être.* (Ac. des sc. m. et pol., 1888.)

importante, intercalée parmi des idées banales et vulgaires, par un auteur que nous savons assez peu scrupuleux, on pourra, avec plus de vraisemblance encore, affirmer qu'il y a eu emprunt. Mais l'analogie seule des doctrines ne nous autorise à tirer aucune conclusion.

Tous, dit Lange des philosophes dont nous avons parlé, avaient bien certainement lu La Mettrie. Pour Diderot, on n'en saurait douter, quoique Lange ne prenne pas la peine de rappeler le passage, si sévère pour La Mettrie, que nous avons précédemment cité (1). Pour les autres, non-seulement Lange n'invoque aucun texte tiré de leurs écrits, et on est assez disposé à douter qu'ils aient eu le temps de revenir sur les écrits de cet auteur, quand paraissaient les œuvres de Buffon et de Condillac, de Rousseau et de Voltaire, l'*Encyclopédie* et le *Système de la Nature*, l'*Histoire du Commerce dans les Deux-Indes* et le livre de l'*Esprit*, quand on traduisait et lisait Hume, Gibbon et Beccaria !

Lange affirme donc sans prouver. Au lieu de voir, avec Rosenkranz, dans le sensualisme de Locke modifié par Condillac, le commencement du matérialisme français, il trouve, dans l'hypothèse empruntée par La Mettrie à Arnobe, le prototype de l'homme-statue qui joue un rôle chez Diderot, Buffon et notamment Condillac. On sait à quels débats a donné lieu la question de savoir si Buffon, Diderot ou Condillac avaient songé chacun de leur côté à montrer de cette façon les résultats de leurs études (2), mais personne au XVIII° siècle, pas plus d'ailleurs La Mettrie que ses contemporains, n'a songé à faire de Buffon, de Diderot ou de Condillac un imitateur de ce dernier. Bien plus, Condillac avait déjà placé dans son premier ouvrage, composé avant l'impression de l'*Histoire naturelle de l'Ame*,

(1) Voyez p. 7.
(2) F. Picavet, *Philosophie de Condillac* (Introduction au *Traité des sensations.*)

le germe de sa statue intérieurement organisée comme nous. D'ailleurs dans la première édition de ce dernier ouvrage, que Lange n'a pas eue entre les mains, l'hypothèse d'Arnobe ne forme qu'une note de la conclusion ; c'est plus tard seulement qu'elle est devenue un chapitre spécial. Or, dans l'*Homme-machine*, La Mettrie met Condillac autant au-dessus de Locke que celui-ci est au-dessus de Descartes, de Malebranche, de Leibniz et de Volff ; il renvoie ensuite au *Traité des Systèmes,* dont il fait lui-même un *Abrégé*, loue Buffon et Diderot. De sorte qu'il semble n'avoir bien vu l'importance de l'hypothèse d'Arnobe qu'après avoir lu ceux qui en devaient tirer un meilleur parti !

Nous arrivons à des résultats à peu près analogues en ce qui concerne Helvétius, Diderot, d'Holbach et Volney. Lange, tout en affirmant qu'on trouvera difficilement dans la morale de d'Holbach une pensée qui n'ait déjà été émise par La Mettrie, corrige cette assertion, d'ailleurs non prouvée, en disant d'un côté que ce que celui-ci avait jeté au hasard et négligemment au milieu de réflexions frivoles, est chez d'Holbach, épuré, coordonné, achevé d'une manière systématique, sévèrement dégagé de toute bassesse et de toute trivialité ; de l'autre, que si La Mettrie osa parler, non sans ambages et sans équivoques, il ne consacra ses efforts qu'au matérialisme anthropologique, et que d'Holbach parut attacher le premier la plus grande importance aux thèses cosmologiques. Et il ne faut pas oublier que d'Holbach a lu et traduit Hobbes où il a pu trouver, en supposant qu'il n'y fût pas arrivé par l'étude des sciences et sa propre réflexion, un matérialisme infiniment supérieur, pour la liaison logique, à celui de La Mettrie. Nous savons de même, à propos de Diderot, que les conversations de d'Holbach et surtout la lecture de Hobbes ont grandement contribué, à changer sa direction philosophique : « Que Locke me paraît diffus et lâche, disait-il en 1772, La Bruyère et la Rochefoucauld pauvres et petits, en comparaison de Th. Hobbes !

C'est un livre à lire et à commenter toute sa vie. » De quel droit fait-on donc intervenir, sans donner aucune preuve, l'influence d'un homme que Diderot a si sévèrement jugé ?

La question est différente pour Helvétius : la faculté de théologie a indiqué en effet l'*Homme-Machine* et les *Animaux plus que machines*, comme l'une des sources empoisonnées auxquelles avait puisé l'auteur de l'*Esprit*. Mais Garat, qui nous rapporte comment Suard fit comprendre à Helvétius combien il avait eu tort de ne pas citer les auteurs, morts ou vivants, auxquels il avait fait des emprunts, ne mentionne pas La Mettrie. D'un autre côté, il ne faut pas oublier, en ce qui concerne les théories sur l'honneur et l'éducation dont parle surtout Lange, qu'Helvétius les trouva dans Montesquieu, qu'il admirait et cherchait à imiter ou peut-être même à surpasser, et dans Locke qu'il avait longtemps médité. Si Lange parle de Rousseau qui aurait, après La Mettrie, développé cette thèse que notre destination n'est pas d'être savants, mais d'être heureux, il montre lui-même, ce que confirme amplement notre analyse des ouvrages de La Mettrie, que la ressemblance n'est que superficielle, puisque ce dernier établit ensuite comment la raison peut contribuer au bonheur. Enfin pour Volney, dont Lange signale la précision et l'élégance supérieure, et dont il distingue d'ailleurs la morale, comme celle de d'Holbach, des doctrines de La Mettrie, en disant que l'amour de soi y prend la place du plaisir personnel, n'est-il pas bien évident que, reçu chez d'Holbach et Mme Helvétius, lié avec Franklin, ayant lu les ouvrages de La Rochefoucauld, d'Helvétius et de d'Holbach, il n'eut pas à chercher chez La Mettrie une doctrine bien plus rudimentaire et bien plus mêlée d'éléments peu philosophiques ?

Donc, non-seulement Lange n'a pas donné de raisons valables pour établir que Condillac, Diderot, Helvétius, Rousseau, d'Holbach, Volney, ont fait des emprunts à La

Mettrie, mais l'examen impartial des faits nous conduit à croire que leurs doctrines leur ont été fournies, — en supposant qu'ils n'eussent pu les trouver uniquement par eux-mêmes, — par des livres qu'ils ont lus, par des auteurs qu'ils ont cités et admirés. Par conséquent, quand Lange essaie de montrer l'importance du système, en disant que les doctrines de La Mettrie intéressaient vivement les contemporains, et qu'elles ont été reprises plus tard par d'autres écrivains, qui les ont développées systématiquement sur une large base, il fait un cercle vicieux et ne prouve aucune des deux assertions auxquelles aboutit toute son exposition.

Et ce n'est pas tout : La Mettrie a *lu* Voltaire, Bayle, Maupertuis, Montaigne, Boerhave, Fontenelle, Locke, Montesquieu. D'ailleurs, on ne saurait lui compter comme originales les idées que les uns et les autres avaient développées avant lui, avec plus d'ampleur et en meilleurs termes, sans y mêler des écarts de pensée et de langue, sans y introduire, avec le manque de précision, des digressions perpétuelles et des non sens historiques. Il faut donc rendre à ces philosophes tout ce qui, dans La Mettrie, concerne les bornes de nos connaissances, la distinction des sciences expérimentales, de la métaphysique et de la théologie, la tolérance et l'adoucissement des peines, les atomes sensibles, qui jouent plus tard un si grand rôle chez Robinet et chez Diderot. Si même La Mettrie a effleuré quelques-unes de ces théories en même temps que les auteurs aux noms desquels elles restent attachées, ceux-ci les ont présentées, sans les avoir empruntées à La Mettrie, sous leur forme définitive et en sont devenus les possesseurs légitimes. Ce qui reste, ce semble, à La Mettrie, quoiqu'il y ait lieu encore de rappeler Boerhave et Descartes, c'est l'étude des rapports du moral et du physique conduisant à un matérialisme qui est rattaché tout à la fois au péripatétisme, au cartésianisme, au stoïcisme, à un rapprochement entre les animaux et les hommes, à une assimilation des méchants aux malades, au rôle important de l'organisation pour le bonheur. Cabanis et Maine de Biran (1), les évolutionnistes et les matérialistes contemporains ont présenté, avec un grand développement, ces doctrines diverses, sans savoir, pour la plupart d'ailleurs, qu'elles se trouvaient chez La Mettrie.

En résumé, Lange a fort bien mis en lumière les erreurs de ses prédécesseurs. Mais s'il a montré que La Mettrie n'est pas un homme d'une immoralité révoltante, qu'il n'est ni un ignorant ni un plagiaire, il n'a pas réussi à établir qu'il y a dans son œuvre une originalité assez grande pour qu'on voie en lui le premier, en mérite comme en date, des matérialistes du XVIII° siècle. La Mettrie n'est ni un monstre ni un homme de génie, c'est un de ces hommes médiocres auxquels la philosophie spéculative ou pratique n'a que fort peu d'obligation, parce qu'ils ne donnent pas à un système la forme qui, pendant un certain temps, est acceptée par ses partisans et ses adversaires. Il demeure simplement, pour la postérité, un de ces *philosophi minores*, qu'on peut mettre à côté de Robinet, de Mably, de d'Argens, et qu'il faut lire quand on ne veut laisser aucune lacune dans l'histoire des idées et des doctrines.

(1) Voyez Ernest Naville, *Maine de Biran, sa vie et ses pensées.*

ORLÉANS. — IMP. PAUL GIRARDOT.

www.ingramcontent.com/pod-product-compliance
Lightning Source LLC
LaVergne TN
LVHW022212080426
835511LV00008B/1727